MGR LÉGAIN

ÉVÊQUE DE MONTAUBAN

ET

L'ABBÉ THIÉBAUD

CHANOINE DE BESANÇON

BESANÇON
IMPRIMERIE DE J. BONVALOT
1875

Rien ne demande que l'on donne un portail à ce petit édifice. La lettre textuelle de Mgr Légain, évêque de Montauban, en est la façade principale et la porte d'entrée ; mes réponses en indiquent assez la distribution intérieure. Tout informes que sont mes lettres, par le fait de leur *currente calamo*, elles suffiront cependant pour donner une idée juste de ce disgracieux *à parte* inopinément survenu entre nous.

Je ne demandais pas que Mgr Légain se *hâtât* de me répondre, comme il s'est *hâté* de m'écrire, dès qu'il crut l'occasion bonne pour me lancer une grossièreté. Mais puisque depuis six semaines il s'obstine à ne me donner pour toute satisfaction qu'un dédaigneux silence, j'en conclus qu'il tient à prolonger la mésintelligence qu'il a suscitée lui-même, et je vois une fois de plus qu'il n'y a de pire sourd que celui qui ne veut rien entendre, comme il n'y a de pire muet que celui qui ne veut pas parler.

Un tel silence de mépris dit assez qu'il n'y a point à espérer de *convenio*. J'accepte bien à regret cette dure condition ; mais ayant entendu dire qu'avec ses ennemis il faut se servir des armes dont ils ont peur, je me décide à éditer les différentes phases de ce malencontreux incident.

Malgré l'extrême rigueur de nos temps troublés, je crois qu'il *y a encore des juges à Berlin*.

Montauban, le 24 janvier 1875.

Monsieur le Chanoine,

M. Lacorpaille me rapporte qu'il a vu chez M. Tuffau, sur la couverture d'une brochure récente, votre nom orné du titre de vicaire général de Montauban. Je me hâte de venir redresser une erreur, sans doute involontaire, que vous avez commise.

Lors de ma promotion, vous m'avez adressé des félicitations affectueuses dans une lettre où vous vous montriez tel que vous avez été pour moi depuis cinquante ans. En vous répondant, je vous promettais de vous laisser le titre de vicaire général, à la condition que vous viendriez à mon sacre. Vous n'êtes pas venu à mon sacre, et je ne vous ai pas nommé vicaire général. Ces faits se sont vraisemblablement brouillés dans vos souvenirs.

Quand je passai en Franche-Comté en revenant de Paris, où j'avais été pour mes informations, je reçus de tous mes amis un accueil plus empressé et plus gracieux encore que dans mes autres visites. Vous seul fîtes exception, ou plutôt contraste. La commission que me fit de votre part M. le curé d'Epeugney, à mon arrivée chez M. Maire, à Saint-Claude, me causa une vraie surprise, ainsi qu'à mes amis présents. Il vous plaisait de briser nos anciennes relations d'une façon très-brusque. C'était votre droit ; je n'ai pas cherché à en deviner les motifs. Vos procédés subséquents n'ont pas changé la situation respective que vous nous avez faite. Puisque la condition posée par moi n'a pas été remplie, ni dans le principe, ni dès lors surtout, vous ne pouviez attendre la distinction de vicaire général

De votre très-humble serviteur,

† THÉOD.,
Evêque de Montauban.

PREMIÈRE LETTRE.

(Répondue et mise à la poste le jour même où m'est parvenue celle de Montauban.)

Besançon, le 27 janvier 1875.

Monseigneur,

Il est très-vrai que ce que vous me reprochez existe sur la couverture de ma récente brochure, et c'est vous le premier qui me le faites apercevoir. Je n'ai d'autre excuse à en donner à Votre Grandeur épiscopale que l'inattention que j'ai mise à la confection de cette page, en laissant à mon imprimeur le soin de prendre le titre sur une de mes brochures précédentes, sans lui en spécifier aucune. La preuve en est que, dès la mort de Mgr Doney, je n'ai plus *orné* mon nom du titre de vicaire général honoraire de Montauban, sur aucune de mes publications, si ce n'est, par mégarde, sur la dernière que vous me signalez. Non pas que je sois indifférent à l'honneur et à l'ancien plaisir qui pouvaient m'en revenir, mais précisément par la crainte de vous déplaire, sachant que nos rapports d'autrefois n'étaient plus les mêmes.

Pour cette seconde édition, il s'agissait de remplacer les deux mots *section bisontine,* de ma première édition suisse, par ceux-ci : *Episode vaticano-bisontin.* Cette recommandation une fois faite à mon éditeur habituel, je l'ai laissé libre de compléter le titre comme autrefois. Autant par abstraction de sa part que de la mienne, l'idée dont votre colère prend texte aujourd'hui ne s'est même pas présentée. Pour peu que j'aie encore droit à votre créance, il est inutile de chercher à justifier autrement que par la réalité du fait l'innocuité de cette inadvertance. Du reste, vous en trouverez la preuve matérielle ci-jointe, sur la couverture des quatre ou cinq publications que j'ai faites depuis la mort de Mgr Doney, et sur lesquelles vous ne trouverez rien de ce qui vous offusque aujourd'hui.

Votre mémoire serait-elle déjà aussi infidèle que la mienne ? Pour moi, il est positif qu'en m'invitant à votre sacre et en m'accordant gracieusement le titre purement honorifique de vicaire général, vous n'y avez mis aucune condition. Je relis la réponse que j'ai faite à votre lettre, et je vois que j'acceptais avec reconnaissance la continuation du titre dont vous vouliez bien me gratifier; mais j'ajoutais que le reste me touchait peu. Et en cela je n'avais d'autre idée que de ne pouvoir pas me décider à aller là où je n'aurais eu que l'extrême chagrin de me trouver au milieu de fêtes qui auraient ravivé tous mes regrets et toutes mes douleurs.

Cette conduite de ma part ne faisait pas exception pour Montauban. Combien de fois n'ai-je pas passé et repassé à Nîmes depuis la mort de Mgr Cart! Je m'y suis même arrêté une journée toute entière pour une visite de charité envers des parents affligés qui y résidaient alors, et, malgré les pressantes sollicitations de MM. Rédier, Boucarut, d'Alson, et même de Mgr Plantier, je n'ai pu me décider à passer devant l'évêché. Il y a quelques mois, lors de mon voyage dans le Brabant, je me suis arrêté à Reims un jour entier. MM. Querry, Sévestre, Anesse, etc., etc., voulaient absolument me faire voir les immenses réparations faites dans les dépendances de l'archevêché, et, malgré leurs invitations, ils n'ont pu obtenir de moi de me faire tourner la tête de ce côté-là.

Quand c'est le cœur qui me parle, j'ai l'habitude de l'écouter.

Vous me retirez aujourd'hui un titre que vous m'aviez gracieusement accordé. Fort heureusement je ne l'avais pas volé, puisque je n'ai même jamais eu la pensée de vous le demander. Je ne vois même pas pourquoi vous avez attendu aussi longtemps; car si le seul motif que vous en donnez aujourd'hui est vrai, il eût été plus loyal à vous de me traiter ainsi il y a quatre ans qu'aujourd'hui.

Remontons au principe. N'est-ce pas vous qui, oubliant vos antécédents, au lieu de descendre chez moi, comme autrefois, êtes venu, en compagnie de Mgr de Versailles, m'inviter à aller déjeuner avec vous dans une maison honorable, c'est vrai, mais où je n'ai jamais mis les pieds et où je ne savais même pas si j'étais réellement invité par les maîtres de céans. Heurté de cette nouvelle manière d'agir, il m'est échappé de vous dire : *Vous êtes bien nigauds*, etc., etc. Je croyais parler encore à un vieil ami ou plutôt à mon ancien écolier. Je vois aujourd'hui mieux que jamais combien je me trompais. Telle est la cause de notre mécontentement réciproque. N'était-ce pas vous gronder amicalement de ce que, à peine sur le chemin des grandeurs, vous ne me trouviez plus bon pour être à votre égard ce que j'avais été jusque-là.

Vous me parlez de votre voyage à Besançon et de l'accueil que vous y avez reçu. — Les fêtes qui ont été données à votre honneur ne m'étonnent pas. Je sais estimer ces choses-là le prix qu'elles valent, selon les circonstances et surtout selon les personnes qui en attendent la juste rétribution.

Pour moi, j'aurais voulu de tout mon cœur voir se renouer ce qui me semblait seulement délié et non déchiré. Que de fois ne suis-je pas allé à la cure de Saint-Maurice et à celle de Notre-Dame avec l'intention de vous y rencontrer et de vous embrasser dans l'intimité? Cependant, pour que j'aie pu vous dire bonjour, il m'a fallu vous saisir au bureau de la poste, où je vous avais vu entrer. Mais là j'ai vu, comme à École, que je n'avais plus à prétendre qu'à votre mépris.

Prenez que je n'aie rien fait pour mériter vos faveurs, mais reconnaissez aussi que je n'ai rien fait pour mériter vos disgrâces. Je les accepte pourtant aujourd'hui sans plus de chagrin que de détriment. Et si, pour vous contenter pleinement, il faut quelque chose de plus que mon acceptation, dites, parlez, ordonnez, et je suis tellement résolu de vous donner toute satisfaction que vous pouvez vous tenir pour assuré que, si j'étais Pape ce soir, vous seriez cardinal demain matin.

THIÉBAUD, ch. d.

DEUXIÈME LETTRE.

Il n'y avait à la vérité que cinq jours que j'avais écrit à Mgr Légain; mais, soit impatience de ma part, soit par prévision qu'il ne répondrait rien, je me décidai à lui écrire cette deuxième lettre.

Besançon, le 2 février 1875.

Monseigneur,

Je ne peux pas aller à demain sans vous avouer que, tout en reconnaissant votre écriture par la seule suscription de votre lettre, je m'attendais si peu à l'anathème que vous y prononcez, que, d'instinct, je me réservais au contraire un certain plaisir à en lire le contenu. Mais le sort des choses humaines est si variable, si caduc que j'y ai au contraire trouvé la sentence par laquelle vous me reprenez, à brûle-pourpoint, un titre purement honorifique que vous m'aviez gracieusement accordé, et dont vous avez craint que je ne fasse trop parade.

Vous vous donnez bien gratuitement la peine de me mortifier; vous devriez cependant savoir combien je tiens peu à ce qui est purement coloré. Du reste, j'aime ne devoir aucune faveur à ceux que je peux regarder de plus haut qu'eux, de loin comme de près.

Vous verrez donc sur la couverture de ma prochaine publication qu'à l'avenir je prendrai exprès le titre formel d'*ancien vicaire général de Mgr Doney et de Mgr le cardinal Gousset*. Et encore que ces deux grands maîtres soient morts, ce souvenir, qui me survivra, sera plus honorable pour moi que si je me disais vicaire général honoraire de mon ancien écolier. Vous vous convaincrez par là que je sais mesurer la distance qui sépare un évêque vivant tout ordinaire de plusieurs grands évêques défunts, mais qui m'ont honoré de leur constante amitié.

Il était bien inutile de louvoyer comme vous faites, en disant que *M. Lacorpaille a lu sur une brochure chez M. Tuffau le titre en* question. Vous me croyez assez sot pour ne pas apercevoir dans cette tournure de phrase une presque injure, par laquelle vous cherchez à me faire sentir que vous n'avez pas même daigné voir cela de vos yeux. J'ai la preuve que c'est là un petit mensonge épiscopal, qui heureusement ne porte préjudice à personne.

J'aime mieux vous demander tout franc-comtoisement : Quel rat empoisonné vous a-t-il donc passé par la tête le 24 janvier dernier? car d'après le texte et le sens de votre lettre, je méritais déjà votre oubli, votre mésestime et votre colère, à dater du jour où je n'ai pas cru pouvoir assister à votre sacre. Pardonnez-moi si, dans cette occasion, j'ai trop oublié que les caprices de certains parvenus doivent toujours être pris pour des ordres.

Enfin, ce que vous avez fait est fait. Mais cela me donne la liberté de vous rappeler différentes choses qui, à l'étage que vous occupez, s'oublient trop facilement. Je laisse bien des incidents particuliers, et je ne remonterai que jusqu'à Pontarlier, où votre nomination comme vicaire n'est due, vous le savez, qu'à mon intervention, et où, par reconnaissance, vous avez constamment fait cause commune avec les ennemis de ma famille. Je veux bien que votre estomac y était pour beaucoup plus que votre cœur; aussi m'est-il permis de douter que cela leur ait été bien profitable.

Vous savez que Mgr Doney, évêque nommé de Montauban, demanda à Mgr Mathieu, deux prêtres franc-comtois, l'un pour vicaire général, l'autre pour secrétaire. M⁹ʳ Mathieu eut la grande obligeance de lui dire : Présentez moi quatre sujets, sur lesquels je pourrai vous en céder deux. En conséquence de cette sage et utile précaution, M⁹ʳ Doney me dit alors à moi-même : J'ai déjà mes vues particulières sur plusieurs sujets. Mais, puisque M⁹ʳ l'Archevêque veut bien me donner cette latitude, signalez m'en vous-même quatre ; je verrai si vos candidats sont les mêmes que les miens, et, après cette précaution, je me déciderai à indiquer à M⁹ʳ l'Archevêque les quatre prêtres, sur lesquels il me donnera les deux qu'il voudra. Vous avez su dans le temps comment les choses se sont passées : ce ne fut un mystère pour personne. M. le curé de Villersexel était en première ligne ; vous étiez en deuxième, et M. le curé de Beure en troisième.

Dès que le choix des quatre candidats à présenter à M⁹ʳ Mathieu fut convenu selon le rang qu'ils occupaient dans notre pensée, il y eut entre M⁹ʳ Doney et moi une causerie amicale, dont voici la substance dans toute son exactitude.

D'une part, M⁹ʳ Doney me dit à plusieurs reprises : « J'aime l'abbé » Légain, je le connais même mieux que M. le curé de Beure ; » mais je crois qu'il est comme son père un peu mollasse, et je » crains de ne pas obtenir de lui ce que je désire, et ce dont » j'aurai grand besoin. Mais enfin, voilà nos hommes, laissons la » liste comme elle est ; il peut se faire que M⁹ʳ l'Archevêque ait » d'autres raisons que les nôtres, et d'avance, j'accepte ce qu'il » voudra bien me donner. »

D'autre part, M⁹ʳ Mathieu trouva notre dévolu convenable, et il agréa la liste en bloc ; mais il ne pensa pas pouvoir vous céder comme collataire, par la raison, dit-il, que « si d'un jour à l'autre, » M. Prudhon, malade, venait à manquer, je crois que c'est sur l'abbé » Légain que les votes pourraient tomber pour le remplacer. » Malgré le second rang que vous occupiez sur notre liste, M⁹ʳ Doney ne crut pas devoir insister, et la détermination fut dès lors arrêtée comme vous savez.

Vous le voyez, cette précaution toute pleine de mon affectueuse estime ne date pas d'hier ; vous avez donc mille fois raison de dire aujourd'hui que, depuis cinquante ans, je n'ai jamais eu que des témoignages affectueux à vous prodiguer ; heureux même de les avoir vus presque tous couronnés de succès. Mais que dire de l'inqualifiable certificat que vous venez de m'expédier *ab irato* pour toute récompense, le 24 janvier dernier ?

Plusieurs années s'étaient ainsi passées, lorsqu'il survint différentes circonstances qui permirent à M⁹ʳ Mathieu de vous laisser aller à

Montauban, dans l'unique intérêt de la santé de Mgr Doney ; mais après quelques temps de résidence à l'évêché, c'est vous-même qui crûtes devoir renoncer à une position aussi précaire.

De retour à Besançon, vous savez que les missionnaires en conseil décidèrent qu'ils ne consentiraient ni à vous redemander ni à vous reprendre, et, voyant alors que Mgr Mathieu lui-même ne vous offrait qu'un des postes les plus ordinaires de notre diocèse, vous vous seriez cru heureux si seulement vous aviez pu obtenir la simple aumônerie d'un hôpital secondaire, et cela même vous fut refusé. Dans votre détresse, vous prîtes alors le parti de nous courir après, et de venir nous rejoindre à Paris. Vous vous rappelez sans doute la scène émouvante de notre rencontre à l'hôtel du Bon Lafontaine.

Quand je vous vis pleurnicher à grosses larmes brûlantes, et que je vous entendis me dire en sanglotant : « *Mon cœur m'a trompé,* » *Ah ! je vous en conjure, ... allez prier Mgr Doney qu'il veuille bien* » *me permettre de retourner à Montauban ; ..... dites lui ..... et si vous* » *m'obtenez cela, je vous en serai éternellement reconnaissant.* » Vous savez le reste, et si vous l'avez oublié, je peux vous le rappeler en détail. Aujourd'hui, je me contenterai de vous demander quel intercesseur plus puissant et plus affectueux que moi auriez vous jamais pu trouver dans une conjoncture aussi pénible ?

Je crois me souvenir de vous avoir déjà parlé de l'entretien périlleux que j'avais eu avec Mgr Doney lui-même, à la Malou, à l'occasion d'un successeur, ou du moins d'un coadjuteur. Je vous ai cité sa réponse, ses phrases textuelles, celle surtout qui avait rapport à M. de Limayrac, laquelle seule avait fait une grande impression sur lui. J'ai déjà pu voir par votre réponse que vous ne révoquiez en doute ce que j'avais fait pour vous qu'afin de vous croire déchargé de toute reconnaissance envers moi. Aussi ne vous ai-je jamais parlé du devoir que l'on m'avait fait officiellement d'écrire à M. D., dans le but de détruire les injurieuses raisons qu'il donnait en haut lieu pour vous éloigner de l'épiscopat, en s'acharnant à vous dépeindre :

1° Comme une femmelette mijaurée, mielleuse, que Mgr Doney n'avait appelée à lui qu'à titre de serviteur, pour charmer les douleurs de sa vieillesse ;

2° Comme un *minus habens*, auquel Mgr Mathieu hésitait à confier le poste le plus ordinaire ;

3° Comme un membre d'une Congrégation, laquelle se croyait heureuse de se voir débarrassée de vous ;

4° Comme une *doublure du vieux*, qu'il s'agissait d'écarter à tout prix.

D'où M. D. savait-il si bien tout cela? Je le dirai un peu plus tard; qu'il me suffise de vous rappeler que mes lettres, ou au moins les motifs quelles contenaient, ont été communiquées au ministère par la filière légale et officielle. Tout cela ne me semble pas mériter de votre part la conduite que vous tenez aujourd'hui à mon égard.

Vous me parlez de l'*accueil si empressé* qui vous a été fait, et de vos brillantes *réceptions* à Besançon : c'étaient des fêtes... des fêtes!! Cela ne m'étonne pas de la part de vos amphitrions; mais cela me rappelle que Mgr Doney, étant venu passer quelques jours à Besançon, plusieurs de ces mêmes amphitrions qui se sont pourfendus à votre honneur, n'ont pas même daigné accepter quelques instants de distraction que je leur offrais de sa part. Comme les conviés dont il est parlé dans l'Evangile, tous se sont excusés pour une raison ou pour une autre. Ah! c'est que Mgr Doney, qui, sans vous déprécier aucunement, valait mieux que vous, *n'ornait* pas indistinctement tous ceux qui tenaient à être *ornés,* et que surtout il n'était ni un bec aussi fin ni une aussi belle fourchette que vous.

A l'instant même on m'assure que vous avez pris la précaution de prévenir Mgr le cardinal Mathieu de votre détermination à mon égard, et que vous l'avez constitué garde-police, pour qu'il ait à me surveiller et à vous rendre compte de mes infractions à vos volontés. Vous n'aurez pas tout-à-fait perdu votre temps; car de suite M. Besson s'est fait commis-voyageur pour divulguer vos prouesses, et dès maintenant je peux me dispenser moi-même de dire que je ne suis plus à vos yeux que de la pâtée pour les chiens.

Mais à quoi prétendez vous donc? N'avez vous pas déjà plus qu'il ne vous faut? Et croyez-vous vous élever beaucoup en abaissant les autres? Quel mal vous ai-je fait? Demandez à vos neveux et à vos nièces, que je vois encore quelquefois, si jamais, dans les services que j'ai pu leur rendre, ou dans nos conversations, ils ont pu surprendre le moindre signe qui ne respirât pas le vrai sentiment de notre vieille amitié? Eussent-elles été mes sœurs ou mes propres nièces, demandez-leur si j'aurais pu les traiter plus amicalement?

L'objet et le but de votre lettre est de me retirer un titre purement honorifique, que vous m'aviez librement conféré. Soit; mais il me reste à vous demander : 1° Si jamais vous m'avez notifié la moindre condition *sine quâ non?* 2° Vous ai-je jamais témoigné le moindre désir d'avoir cet *ornement,* puisque *ornement* vous voulez qu'il y ait? 3° Quel avantage en ai-je retiré? 4° Même sous l'épiscopat de Mgr Doney, ai-je jamais endossé le moindre surplis dans la cathédrale de Montauban? Ai-je jamais touché du bout du doigt une seule de vos stales capitulaires, où j'avais cependant le droit de figurer ? Malgré les instances que Mgr Doney m'a souvent réitérées, quand je l'accompagnais aux offices, chaque fois que j'ai mis les pieds dans votre église cathédrale, c'est au prix de mes deux sous pour ma chaise, à ma pauvre petite place habituelle, sous l'orgue, tout au coin, derrière la grande porte, à côté du petit vieux et vénérable M. de Mollières. Cela ne me semble pas de nature à pouvoir vous épouvanter.

Le père de M. l'abbé Maire, riche de ce bon sens franc-comtois, qu'il avait acquis par son expérience, disait qu'il connaissait un curé qui, à ses yeux, n'était qu'un paysan trempé dans l'encre ; ne pourrais-je pas pousser la comparaison un peu plus loin ?

La vérité vient souvent de là où elle n'était pas attendue. Ainsi, la vieille bonne qui éduquait ma première enfance nous a souvent répété qu'un *bonbon* donné et repris faisait mal au ventre. Je crains bien que la gentillesse que vous m'aviez faite, et que vous venez de me reprendre ne vous procure un peu plus tard quelques coliques. Encore quelques jours, pendant lesquels j'ai à m'occuper de choses plus sérieuses, et quand j'aurai votre dernier silence, je publierai votre lettre et mes réponses, auxquelles j'aurai probablement des choses assez intéressantes à ajouter. Pour en finir aujourd'hui, je ne vous parlerai pas davantage de l'hécatombe que vous avez cru pouvoir offrir, le 24 janvier, au dieu de je ne sais quoi ; car il me semble que, pour être complet, il faudrait à votre triomphe une victime, et je n'en vois point : c'est tout simplement le *tantæ animis iræ*, etc., etc., des dieux du paganisme, dont vous avez voulu vous donner le plaisir.

Jouissez-en, et croyez bien que je suis ce que vous voulez que je sois

THIÉBAUD, tout court.

En terminant cette lettre du 2 février, j'annonçais à Mgr Légain que, selon ses dispositions éventuelles à mon égard, j'aurais probablement encore quelques observations nouvelles à lui transmettre. En effet, le 25 suivant, n'ayant reçu aucune réponse, je prenais la précaution de prévenir son premier vicaire général que j'allais mettre à la poste une lettre chargée, dont je lui adressais à lui-même le double, pour qu'il n'ignorât pas ce qu'elle contenait ; et qu'ainsi avertie, Sa Grandeur n'eût pas l'idée de la forcer à aller se faire ouvrir au grand bureau de Paris, si elle était refusée à Montauban. En voici la copie, dont j'avais eu soin de conserver la minute? Mgr l'Evêque de Montauban verra que je ne brûle pas ses lettres sans les avoir lues, et qu'il n'a pas encore brûlé toutes les miennes.

TROISIÈME LETTRE.

Besançon, le 25 février 1875.

Monseigneur,

Tout en vous disant déjà bien des choses dans mes deux précédentes lettres en réponse à la vôtre du 24 janvier, je me réservais encore quelques vérités. Toutefois, avant de vous les transmettre, j'ai voulu voir combien dureraient vos provisions de dédaigneux silence; mais d'après certaines coutumes que l'on baptise en quelques parages du nom de *saintes*, je savais d'avance que vous ne répondriez rien. C'est un genre de politesse que je connais.

Maintenant que votre colporteur M. le *candidat perpétuel à tous les évêchés vacants*, divulgue partout que non-seulement je ne suis plus vicaire général de Montauban, mais que c'est un honneur que j'ai usurpé, il me sera bien permis de rétablir la vérité. Pour cela, je reprends textuellement toutes vos phrases et je les souligne jusqu'à une virgule.

I. *M. L acorpaille a vu, sur la couverture d'une brochure récente, votre nom orné du titre de vicaire général honoraire de Montauban. Je me hâte de venir redresser une erreur, sans doute involontaire, que vous avez commise.*

Il y a des gens qui *se hâtent* toujours, et qui croient ne pouvoir jamais arriver assez tôt, quand il s'agit de faire une malhonnêteté à quelqu'un. Vous croyez empraliner votre anathème sous le masque de l'ironie. Eh bien! si jamais de votre vie vous avez dit une vérité, c'est celle-là. Oui, je vous l'ai déjà dit, et j'affirme de nouveau que c'est bien involontairement de ma part que ces deux moitiés de mots *Vic. Gén.*, ornent la couverture de ma dernière brochure, et si je reconnais aujourd'hui la vérité de votre découverte, c'est à votre susceptibilité que je le dois; car, jusqu'à ce jour, cela avait complètement échappé à mon attention.

II. *Lors de ma promotion, vous m'avez adressé des félicitations affectueuses, dans une lettre où vous vous montriez tel que vous aviez été pour moi depuis cinquante ans.*

Rien de plus vrai, rien de plus exact. Une amitié et un dévouement de cinquante ans, sans dédite, c'est quelque chose par le vent qui court : c'est même rare : et c'est en réponse à cette lettre, toute de cœur de ma part, que vous m'avez continué la collation de vicaire général. Aussi, je me réservais très-sincèrement un grand plaisir à aller en personne vous porter un peu plus tard mes remercîments; mais, sans attendre ce moment, vous reçûtes aussitôt de moi une lettre par laquelle vous avez déjà pu voir que ma nomination au titre de *vicaire général* et votre invitation à votre sacre étaient deux choses tellement distinctes et indépendantes l'une de l'autre, que j'acceptais la première avec reconnaissance, sans soupçonner dans la seconde la plus moindre couleur d'une condition. Si je l'avais considérée comme telle, je l'aurais refusée; car j'y aurais vu une orgueilleuse bassesse, qui m'aurait donné l'air d'aller, comme tant d'autres, quémander cet *ornement*. Au surplus, je suis persuadé qu'à cette époque vous n'aviez vous-même pas la pensée de faire de l'une la condition ou le prix de l'autre. S'il en eût été ainsi, vous n'auriez certainement pas attendu aussi longtemps pour me signifier vos fictions d'aujourd'hui. Dès le lendemain de votre sacre, où je n'ai pas assisté, et même déjà plus tôt, c'est-à-dire dès la réception de ma lettre, qui vous annonçait sans détour que je n'y assisterais pas, vous vous seriez *hâté* de faire avec quelque apparence de raison ce que vous faites aujourd'hui, sans motif connu.

III. *En répondant à vos affectueuses félicitations, je vous promettais de vous laisser le titre de vicaire général,* etc., etc.

Il n'est pas beau de dire à qui que ce soit : *ce n'est pas vrai*; mais quand celui qui le dit ne dit que la vérité, celui à qui il le dit, fût-il prince, ne peut s'en prendre qu'à lui-même. Eh bien! non, mille fois non : vous ne m'avez fait aucune promesse de me *laisser* le titre de vicaire général. Mais, tenant compte de ce que j'avais été jusque-là, vous avez dit expressément et écrit : *je vous continue le titre de vicaire général.* J'en ai aujourd'hui la preuve, contre laquelle je vous recommande de ne pas vous inscrire en faux; la résultante ne serait pas à votre avantage.

IV. *Je vous promettais de vous laisser le titre de vicaire général, à la condition que vous viendriez à mon sacre.*

Je n'admets pas davantage cela ; car jamais une politesse libre ne doit être faite à la condition d'une autre politesse à rendre. Mais, supposons que telle ait été votre intention : vous admettrez bien aussi que, ne pouvoir *orner* son nom du titre de vicaire général qu'à une semblable condition, ce n'est plus un titre dû au mérite, c'est une simple *distinction,* salariée au prix d'une course de quelques centaines de kilomètres. Mais après tout, un pareil motif n'est ni plus sérieux ni plus canonique de votre part qu'il n'est flatteur pour moi. Sachez que, malgré tout mon amour pour les voyages lointains, je n'ai jamais rien acheté à ce prix.

Supposons pour un moment que nous soyons encore ce que nous avons été pendant cinquante ans, une paire d'amis ; que devrait-on penser de celui qui dirait à l'autre : Je te permets d'*orner* ton nom du titre de vicaire général, mais à la condition expresse que, toi aussi, tu viendras toi-même *orner* ma personne par ta présence à mon sacre. Je vous le demande, lequel de nous deux aurait le plus de sujet d'être fier ?

V. *Puisque la condition posée par moi n'a pas été remplie, vous ne pouvez attendre la distinction de vicaire général.*

Vous avez l'air de croire que j'*attends* et que je regrette cette distinction, que vous m'aviez accordée et que vous me reprenez aujourd'hui. Vous m'invitez presque à vous la redemander. Si c'est pour que je vous fournisse l'occasion de me la refuser, ne comptez pas sur ce petit plaisir.

VI. *La commission que m'a faite de votre part le curé d'Epeugney m'a causé une vraie surprise.*

C'est donc à dire que vous n'éprouvez que de la *surprise* en voyant notre vieille amitié brisée ! Eh bien ! moi, c'est de la vraie douleur et de la plus profonde que j'ai ressentie et que je ressens encore par la séparation de deux âmes qui me semblaient agglutinées l'une à l'autre pour toujours. *Sicut anima Jonathœ conglutinata est animœ David.* (II Reg., cap. I.)

Jusqu'à hier, cette commission du curé d'Epeugney était encore pour moi un demi-mystère. Cela venait de ce que j'oubliais que le curé d'aujourd'hui n'est pas le même que celui d'alors. Bien des fois je me suis demandé : quelle commission a-t-il pu faire pour brouiller ainsi les cartes ? Et je n'en trouvais d'autre raison, si ce n'est qu'en pareil cas, il est si facile de dénaturer et même de travestir la pensée d'autrui. Souvent il ne faut qu'un seul mot pour cela. En effet, reportons-nous à cette époque. M. l'abbé Maire, ne voulant ou ne pouvant pas recevoir chez lui le personnage, s'en débarrassa tout naturellement en le déposant chez moi, à leur arrivée d'Epeugney. Or, de mon côté, sans entrer ici dans le détail de mes motifs, que vous connaissez, je ne tenais pas davantage à le recevoir chez moi, attendu surtout que j'avais précisément à la maison plusieurs membres de ma famille, et qu'*à cause de cela, je ne pouvais recevoir personne*. Il vous a appliqué sans mission et sans commission de ma part ce qu'il aurait dû ne prendre que pour lui seul, et c'est déjà par cette interprétation défavorable que vos préventions ont commencé à se dessiner contre moi. Ah! c'est que je n'étais rien alors, et que vous, déjà cramponné au mât de Gascogne, vous n'aviez des yeux et des pensées que pour le siége qui en était le prix. Cela explique tout.

VII. *En revenant de Paris, je reçus de tous mes amis un accueil plus empressé et plus gracieux que dans mes autres visites. Vous seul fîtes exception*, etc.

J'admets tout cela avec la seule réserve qu'il ne m'a pas même été donné de pouvoir vous offrir la moindre démonstration sans en avoir reçu de vous une rebuffade. A Ecole, vous n'avez répondu à mon attention que par une dureté, qui a été remarquée de tous les assistants, et, à la poste, où j'avais fini par vous rejoindre, vous ne m'avez répondu un seul mot qu'en me tournant le dos. Si donc *j'ai fait exception*, cela vient de ce que je n'ai jamais mesuré mes amitiés sur le gland doré d'un chapeau, ni sur une ceinture frangée d'or, ni sur la longueur d'une table de salle à manger. Ami éprouvé de cinquante ans, je laisse cela à vos amis improvisés de quelques mois.

VIII. Non-seulement *vous avez fait exception, mais contraste.*

Je crains que ce mot *contraste* ne soit l'effet d'une tête qui tourne, en regardant de trop haut. Oui, j'ai *fait contraste* dans ces grandes réceptions et dans ces splendides agapes qui se sont succédé à votre honneur. Je ne vous en donnerai que deux raisons, que vous voudrez bien agréer comme excuse. D'abord, c'est que je n'ai pas comme vous un coffre à suffire à tout cela, et ensuite c'est que je n'y ai pas même été invité. (Je fais avec orgueil exception pour Ecole.) Mais tous les *contrastes* ne sont pas mon fait. On en remarque un très-palpable aujourd'hui, entre les voluptuaires aménagements dont vous faites vos délices et la sévère simplicité de celui qui, avant vous, occupait le même siége.

Oui, *contraste* entre *les félicitations affectueuses par lesquelles je me montrais à votre égard tel que j'avais toujours été pendant cinquante ans*, et la dureté czarienne que vous venez d'exercer envers moi le **24 janvier dernier.**

Contraste entre cet état-major que vous vous êtes choisi dans les rangs du gallicanisme le plus rebelle aux prescriptions du Saint-Siége et ces vénérables amis très-méritants auxquels vous accordez à peine un salut de vieille connaissance. Vous me reprochez d'avoir fait *contraste* avec ce brillant cortége, et moi, à quelques exceptions près, je m'en ferais honneur.

Contraste encore entre ce charmant et si familièrement amical petit mot qui termine une lettre de Mgr Doney : *Ce n'est pas un ami qui vous trace ces lignes, non, c'est le chat,* et les derniers mots de votre *ukase,* par lequel vous m'envoyez un insultant soufflet, tout en vous disant *mon très-humble serviteur.* *Contraste* par conséquent entre votre colère du 24 janvier et les témoignages de confiance et d'amitié que NN. SS. Cart, Gousset, Doney, etc., etc., n'ont cessé de me donner pendant toute leur vie. Les dernières paroles que Mgr Doney prononçait encore à mon honneur sur son lit d'agonie, quelques heures avant sa mort, me dédommageront toujours bien abondamment de toutes les avanies que votre bile pourra inventer pour me mortifier. Si ce n'est pas assez de ces contrastes, je pourrais en ajouter d'autres.

IX. *Il vous plaisait de briser nos anciennes relations d'une façon très-brusque.*

Vous croyez qu'en changeant ainsi les rôles vous pourrez aussi me faire prendre le change. Eh bien ! non : cela ne me *plaisait* pas du tout ; c'est au contraire avec le plus grand *déplaisir* que j'ai vu cette *brusque* rupture. Répondez. Lequel de nous deux a commencé le premier à *briser nos anciennes relations?* De vous, qui, une fois muni de vos chevrons, allez débarquer et loger ailleurs que chez moi, contrairement à vos constantes habitudes ? Ou de moi qui, surtout pour cette circonstance, me réservais un grand plaisir à vous montrer que je savais apprécier l'honneur que vous m'auriez fait ? *Il vous a plu de me priver brusquement* de ce plaisir ; que pouvais-je faire, sinon m'en plaindre sans détour ? Et si aujourd'hui je boude, quel est le premier brouillon ?

X. *C'était votre droit.*

Je l'entends bien comme cela. Oui, c'était le droit d'un cœur blessé, qui n'a pu s'empêcher de vous témoigner son trop légitime mécontentement ; mais vous, pour commencer à méconnaître ainsi mon vieux dévouement, quel était votre droit ? Si ce n'est celui de mortifier un ami de cinquante ans, qui a la conscience de ne vous avoir jamais fait que du bien.

XI. *Je n'ai pas cherché à deviner vos motifs.*

Moi non plus, je n'ai pas cherché à deviner les vôtres ; mais généralement on a cru que le motif de votre insolite manière de débuter était que ma modeste demeure n'était plus en rapport avec votre nouvelle dignité ; il vous fallait probablement d'autres tréteaux.

XII. *En revenant de Paris pour mes informations.*

Puisqu'il s'agissait de vos *informations, à Paris,* vous avez dû être *informé* en haut lieu des luttes que j'avais soutenues contre ce Goliath dont une seule chiquenaude pouvait me réduire en poussière. Me commettre ainsi, par pur dévouement pour un ami, avec un géant de cette taille, et ne recevoir aujourd'hui de cet ami qu'un trait d'injurieux mépris, je crois que cela s'est déjà vu, mais l'histoire a toujours décidé que c'était plus humiliant pour le héros que pour celui qui en était la victime.

Comme vous le voyez, tous mes crimes, que vous avez vous-même scrupuleusement articulés et enregistrés de votre main, dans votre factum du 24 janvier, sont donc :

1° De vous avoir adressé des félicitations affectueuses dans une lettre où je me montrais tel que j'avais toujours été depuis 50 ans ;

2° D'avoir accepté avec reconnaissance, et sans que je vous en eusse jamais témoigné le moindre désir, la continuation d'un titre dont j'avais été honoré pendant tout l'épiscopat de Mgr Doney, votre prédécesseur ;

3° De ce que je n'ai pas eu l'esprit d'apercevoir dans votre invitation à votre sacre la glorieuse condition *sine quâ non* qui m'aurait autorisé à *orner* mon nom du titre de vicaire général ;

4° De ce que je n'ai pu me décider à aller partager des fêtes qui auraient été pour moi autant de sujets de regrets et de souvenirs douloureux ;

5° De m'être senti blessé au cœur de ce que, évêque nommé, vous ne descendiez pas chez moi, comme autrefois, quand vous n'étiez que simple prêtre ;

6° De ce que je n'ai pas donné, comme les autres, de fins dîners à votre appétit rendoublé de délicatesse par vos nouvelles dignités ;

7° De ce que *j'ai fait contraste* en n'assistant pas aux grandes agapes qui étaient préparées à votre honneur, et auxquelles je n'étais pas même invité.

Il faut avouer qu'un coupable convaincu d'aussi grands crimes, mérite bien que *vous vous hâtiez* d'exercer contre lui toutes les fureurs de votre balai.

XIII. Tous ces *faits*, me dites-vous, *se sont vraisemblablement brouillés dans vos souvenirs.*

C'est un peu vrai, car il y a longtemps que je n'y pensais

plus ; il a fallu votre lettre du 24 janvier, que je viens de recopier et de citer textuellement, pour me les remémorer. Mais si tout cela s'est un peu *brouillé* dans mon esprit, j'ai la consolation de voir que mes *souvenirs*, s'ils sont infidèles, ne sont pas ingrats comme les vôtres. Cela me rappelle ce que M. Vuillemenot, curé de Luxeuil, me disait un jour dans l'intimité ; je n'avais jamais pu le croire, tant mon amitié pour vous m'aveuglait, et j'en vois aujourd'hui la réalité dans le savoir-faire de votre cœur. Lui, le connaissait par expérience.

XIV. *Vos procédés subséquents n'ont pas changé la situation respective que vous nous avez faite.*

S'il y avait encore à Montauban un peu d'encre et un peu de papier pour les anciens amis de l'évêché, je vous prierais, au besoin je vous sommerais de me détailler *les procédés subséquents* que vous avez à me reprocher, sans pouvoir en spécifier aucun. Donnant donnant, procédé pour procédé, le vôtre a certainement sur les miens le mérite supérieur d'un ballon gonflé auquel la moindre piqûre lui fait donner une soufflée qui ressemble à de l'orage. On ne peut du moins s'empêcher d'y voir la conséquence d'un amour-propre blessé, blessé de je ne sais quoi ; car, par un motif réflexe, je pourrais au contraire me croire honoré moi-même de ce que ma seule absence à votre sacre vous a tant offusqué. Mais, vu le retentissement des grosses caisses que vous employez pour lui donner plus d'éclat, votre édit aigre-fin prend le caractère odieux d'une diffamation, contre laquelle je m'inscris de toute l'énergie de ma foi sacerdotale. Cependant, à la lecture de votre lettre du 24, on doit croire que vous avez épuisé le répertoire de vos griefs. Mais non : il en est un que vous n'osez pas articuler, tant il est futile, et qui est néanmoins le seul véritable ; vous vous trouvez heurté, blessé, de ce que depuis trois ou quatre ans, j'adresse à quelques personnes de Montauban mes différentes publications liturgiques, et que je n'en fatigue plus l'attention d'aucun des lettrés de l'évêché. Tel est le seul motif de votre aigreur. Je vous défie hardiment de pouvoir articuler aucun autre *procédé subséquent* depuis l'épisode de mon absence à votre sacre. S'il restait en vous quelque goutte du sang franc-comtois, vous reconnaîtriez que c'est par là seulement que notre *situation respective s'est* faite, et qu'elle restera encore longtemps toute faite comme vous venez de la faire vous-même.

XV. Lorsque je vous reconduisais jusqu'à la portière de votre voiture, qui vous attendait devant chez moi, je vous félicitais du grand nombre de dignitaires que vous veniez de faire ; vous me répondîtes sournoisement : *Oui, mais il en est aussi d'autres que je devrais bien défaire.* Pour moi, j'ajoutai : *A votre aise, seigneur, et il vous en coûtera peut-être moins pour les défaire qu'il ne vous en a coûté pour les faire.* Cette réponse est encore vivante dans le souvenir de ceux qui l'ont entendue. A moins que la rhétorique de la Gascogne ne vous ait appris des secrets inconnus en Franche-Comté, vous avouerez que l'on ne peut défaire que ce qui est fait : *prius est esse quàm dissolvi.*

XVI. Ce langage moqueur de votre part n'était que l'avant-coureur de ce qui vient d'arriver quatre ans plus tard, car un de vos vicaires généraux qui connait à fond la bisbille survenue en travers de nos anciennes et affectueuses relations, disait déjà il y a deux ans à M. Maire : *Je crains que M*gr *Légain ne retire à l'abbé Thiébaud son titre de vicaire général, et qu'il ne veuille pas le maintenir à ce titre sur notre Ordo diocésain.* Quant votre vicaire général parlait ainsi, vous étiez évêque depuis plusieurs années. Vous m'aviez donc bien réellement nommé vicaire général, puisque déjà à cette époque vous pensiez à me dénommer. Ici encore j'invoquerai la logique du *prius est esse quàm detrahi.*

XVII. Quand toute la côte franc-comtoise retentissait du bruit que vous veniez de nommer chanoines honoraires les curés de N. D..., de M..., de G..., de ... et *tutti quanti ...,* le bruit se répandit aussi que l'abbé Thiébaud, heurté de telles accointances gallicanes, avait envoyé sa démission de vicaire général. Mgr de Versailles lui-même me demanda alors s'il était vrai que j'eusse retourné avec mépris la *distinction* que l'amitié et l'estime de Mgr Légain m'avaient donnée. Demandez à Mgr Mabile. Il vous dira s'il n'est pas resté convaincu que pareille idée n'avait jamais eu le moindre accès dans mon esprit. Remarquez donc encore que, pour dire même à faux et à tort que je vous avais retourné cette distinction, il fallait être préalablement persuadé que, si je me dépossédais de ce titre, c'est que j'en étais réellement possesseur. En effet, l'opinion générale du clergé et même mes amis, comme les vôtres, savaient tous que vous m'aviez réellement *continué* le titre dont j'avais été non pas *orné* seulement, mais honoré jusque-là.

Vous m'accuserez sans doute de m'entendre mieux en critique qu'en éloges, cependant ce n'est pas par tempéramment, mais plutôt et uniquement parce que le mensonge, l'injure, l'ingratitude, etc..., me révoltent tellement que je ne peux me résigner à les voir triompher. Ennemi de ce qui peut avilir, je deviens parfois raide et inflexible, et j'accepterais même sans aigreur l'épithète de *singularis ferus;* mais quand on n'ambitionne d'autre panégyrique que celui de sa conscience, quand on ne voit que son devoir, on y court hardiment, même à l'âge de soixante-dix-sept ans, et l'on va droit son chemin, sans compter avec les désagréments qui peuvent en revenir.

Je vous pardonnerais volontiers votre colérique impromptu. Entre nous, un mot de sévère franchise suffisait, et c'eût été chose réglée : C'est ce que je croyais avoir fait par ma lettre du 27 janvier en réponse à la vôtre du 24. Vous me disiez que vous n'étiez pas content de moi. Je vous ai répondu que je n'étais pas content de vous, et dans le cas où l'avenir aurait dû s'en ressentir, au moins cette éponge fraternelle aurait blanchi le passé. Mais en avoir écrit à mon supérieur, pour qu'il fasse annoncer cela à son de trompe, c'est là une câlinerie indigne d'un gars de basse-cour; c'est une polissonnerie dont personne ne perdra le souvenir.

Indisposé et retenu chez moi depuis quelques jours, j'ai vu peu de personnes, assez cependant pour rester persuadé que par là vous vous êtes aliéné quelques-uns de vos amis, qui ne vous auraient pas cru capable de transformer la froideur survenue entre nous en un pareil témoignage de haine et de mépris. Soyez de plus assuré que vous vous êtes rendu odieux à ceux qui ne vous connaissent que par l'inqualifiable hostilité que vous venez d'exercer envers un ami de cinquante ans et même plus. Quand j'ai vu à la fin de votre lettre que que vous aviez la grande humilité de vous dire *mon très-humble serviteur*, je me suis senti un peu embarrassé pour répondre; cependant, avant de terminer, il faut encore que je vous dise une de mes impressions.

Quand un de mes vieux paroissiens d'Ougney m'apporte quelques fruits des arbres dont je lui ai autrefois procuré les greffes, je suis profondément touché, non pas de la valeur de son cadeau, mais de son bon souvenir de cinquante ans. — Ainsi, par contre, je ne suis pas plus privé aujourd'hui du retrait que vous exercez à mon égard que du passage d'une étoile filante, mais je suis profondément affecté de cet acte de haine imméritée. Soyez fier de votre triomphe, jouissez-en; car, après cinquante ans de bonne amitié et de sincère devouement de ma part, ce n'est pas seulement de la vôtre une de ces maladresses que l'on pourrait attribuer à une erreur de prévention, c'est une malhonnêteté danubienne, qui me met dans le cas de me dire et d'être, sans réserve,

De votre pachalisme,

Seigneur grand-vizir,

Le très-glorieux rien du tout,

THIÉBAUD.

Extra P.-S. — Vous pouvez faire de mes lettres tel usage privé qu'il vous plaira; aussi bien, dès que j'en aurai le temps, elles formeront avec la vôtre un fascicule qui intéressera vos nombreux amis, au moins autant que le plaisir qu'ils éprouvent à vous festoyer, et qui ne leur coûtera rien. Ils verront que si *honores mutant mores* est une vérité universelle, il faut aller à Montauban pour en trouver la perfection et le sublime du genre.

Ci-joint un des mille autographes que je conserve de Mgr Doney. Veuillez me retourner ce petit papier, sous pli, par la poste, vous en serez pour cette peine, et moi j'en serai pour la surtaxe de non affranchissement : il vaut bien cela.

Dans cette lettre du 25, qui renfermait l'autographe de Mgr Doney, je priais Mgr Légain de vouloir bien prendre la peine de me retourner ce précieux document. Voyant que le temps convenable pour avoir une réponse quelconque était déjà outre-passé, j'écrivis directement à M. Guyard, pour l'avertir que j'allais constituer un avoué de Montauban qui suivrait cette affaire, et que si Mgr Légain ne tenait pas à recevoir prochainement la visite d'un huissier, il devait me renvoyer la lettre autographe que je réclamais. Ne recevant aucune réponse au sujet de cette réclamation, je pris la précaution de m'adresser au juge de paix du canton ouest de Montauban, et je lui faisais savoir qu'avant de recourir légalement aux moyens de rigueur, je le priais de vouloir bien interposer son ministère officiel pour prévenir Mgr Légain de ma résolution.

Pendant que ma lettre à M. le juge de paix voyageait pour Montauban, je reçus de M. Guyard, vicaire général, une lettre en deux courtes lignes, aussi sèches qu'impolies, qui m'apprenaient que Mgr Légain avait cru de sa dignité *de jeter au feu ma lettre sans l'avoir lue, et même sans l'avoir décachetée.* Le lendemain, je reçus également la réponse de M. le juge de paix, dont la démarche n'avait pas obtenu d'autre résultat que celui que m'avait appris M. Guyard, avec cette différence, cependant, que la lettre de M. le juge de paix était dans les termes les plus convenables et selon toutes les formes d'une honnêteté courtoise et vraiment parlementaire.

Il est bien facile de se donner les airs de grand seigneur, qui dédaigne de lire une lettre quand il en a à sa disposition la copie minute. Que cette lettre n'ait pas pu se défendre de l'incinération, soit ; mais ce n'en est pas moins un raffinement de mépris que l'on jette à la face de celui qui en est le propriétaire! Et comment ne verrait-il pas tout à la fois une insulte et une injustice que l'on commet envers lui, en brûlant un document auquel il attachait un grand prix? Si l'on croit se justifier en disant qu'on l'a jeté au feu sans même avoir voulu le lire, on se trompe grossièrement, on se déclare coupable d'une insigne malhonnêteté. Il m'est donc bien permis de regretter que la dignité de Mgr Légain ait cru devoir agir aussi indignement. Tous ceux qui connaissent cet autographe pour l'avoir lu de leurs yeux, le jour même où il partait pour Montauban, en auraient envié l'honneur pour eux-mêmes. Ils y voyaient, malgré son laconisme franc-comtois, un précieux certificat faisant pendant, ou plutôt contraste, avec l'orgueilleuse prépotence de Mgr Légain. Après une injure semblable, qui couronne son œuvre de haine, de quel droit viendra-t-il maintenant nous parler de *procédés subséquents,* sans pouvoir en articuler un seul, quand de notre côté nous avons son soudain éclat de colère contre un vieil ami bien inoffensif, et qui pourrait même, en toute justice, revendiquer le titre de protecteur, dans différentes circonstances d'un indéniable passé.

NOTA.

Mes réponses à Mgr l'évêque de Montauban n'étaient nullement destinées à la publicité. Au contraire, dans ma pensée intime, elles devaient être exclusivement circonscrites dans le secret absolu de notre réciprocité individuelle ; mais

1° En prenant la peine de faire trompetter son injuste et inconcevable résolution, Mgr Légain lui donne par le fait même un caractère diffamatoire, attendu que toute sentence de ce genre implique logiquement une faute quelconque, qui appelle une disgrâce relative ;

2° En se donnant le triste plaisir de brûler mes lettres chargées, sans même les ouvrir, il se rend tout à la fois coupable d'une grave injure et d'une injustice majeure, dont il n'a probablement pas calculé les conséquences ;

3° Et puisqu'après avoir cherché à m'humilier personnellement et à me nuire dans l'opinion publique, — il s'obstine à s'envelopper dans le mutisme, c'est à moi maintenant de parler, — puisqu'il m'accuse, à moi de me défendre. — et puisqu'il détruit mes lettres sans les décacheter, à moi de les publier,

Mgr Légain n'a pas réfléchi qu'il trouverait dans son irréprochable ami de Franche-Comté une victime, *hostiam vociferationis,* à laquelle il reste encore la force de se plaindre et qui aurait même le courage de lui répondre.

Néanmoins, si j'avais prévu que les choses dussent en venir là, j'aurais probablement pris sur un diapason moins sévère, et quoique mes plaintes fussent toutes fondées sur la plus rigoureuse exactitude, j'en aurais adouci l'amertume ; car la manière épistolaire de traiter avec un personnage, quand on a le droit de lui parler intimément, comme à un ancien élève et à un ami de cinquante ans, n'est plus la même quand il s'agit de considérer en lui sa dignité épiscopale.

Mais *quod scripsi, scripsi,* et le *curam habe de bono nomine* m'ayant mis dans la nécessité de me justifier ostensiblement, je n'étais pas plus libre de modifier mes lettres que je n'aurais pu modifier celle de Mgr Légain ; je devais donc les donner telles qu'elles ont été expédiées à Montauban.

Faisant complètement abstraction de l'aveu de Mgr Légain, qui reconnaît n'avoir reçu de moi, pendant cinquante ans, que des témoignages d'affectueux dévouement, son acte d'irritation du 24 janvier n'en est qu'une injure mieux qualifiée qu'il jette à la mémoire de son saint et illustre prédécesseur.

Oh ! si je n'écoutais que mon amour-propre, que de choses j'aurais encore à ajouter !

———

www.ingramcontent.com/pod-product-compliance
Lightning Source LLC
Chambersburg PA
CBHW060542050426
42451CB00011B/1796